目次

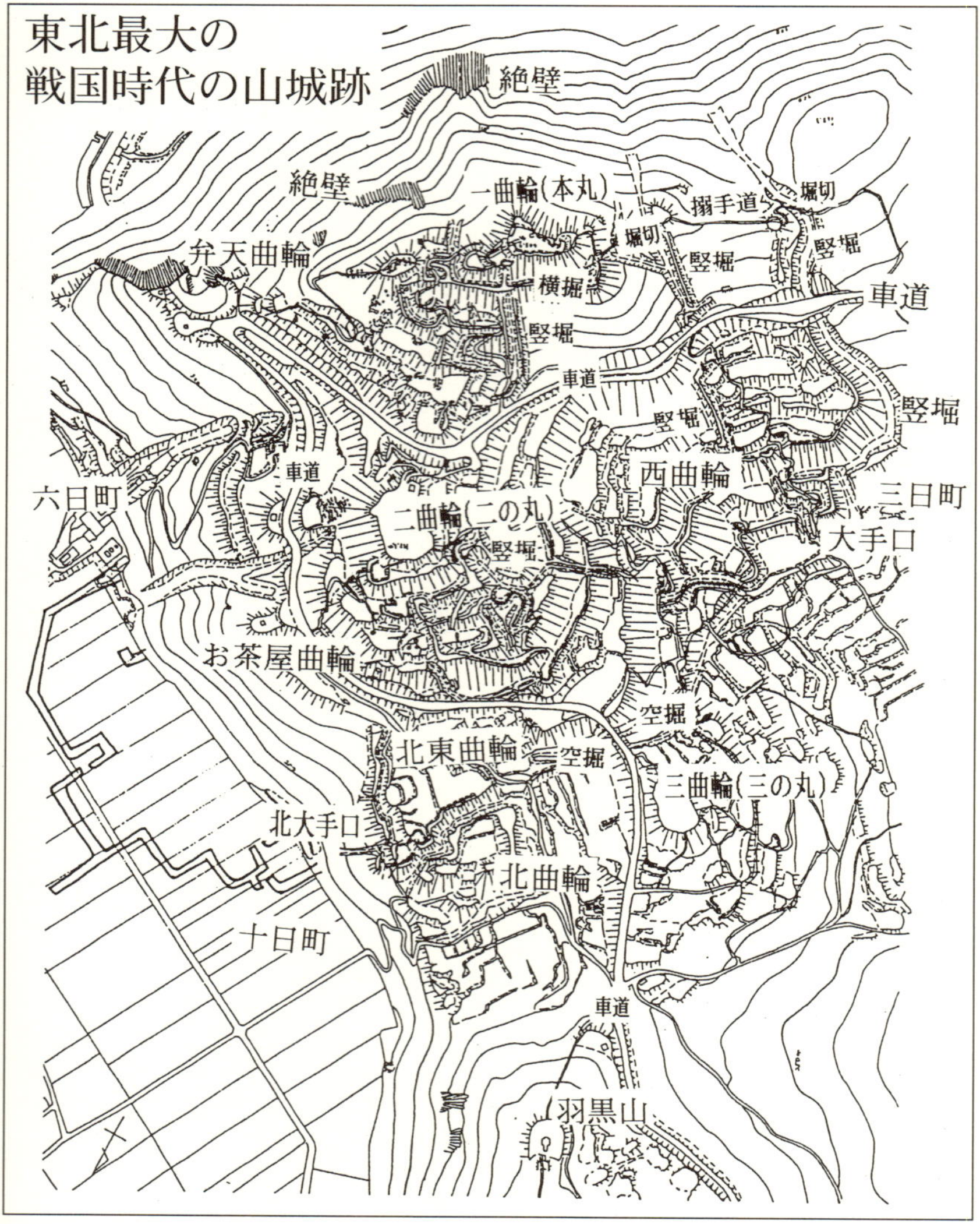

「本郷邑向羽黒古塁之図」と遺構図との合成図

向羽黒山城（岩崎城）跡

永禄四年（一五六一）の春、四一歳の盛氏は「今羽黒」と呼ばれた岩崎山の地を中心に新城を起工しました。

足かけ八年の歳月を費やし、永禄十一年に完成を見た山城と伝えられています。

黒川城（若松）から、ここへ移った盛氏は、天正二年（一五七四）六月五日に盛興《もりおき》（子息）が早世したことから、再び黒川城に移り住み、山城は廃されたとあります。しかし、この壮大な城構えや、堅固さなどから廃城の時期や、隠居城《いんきょじょう》説を疑問視する声が高く、本格的な調査研究が望まれました。

平成三年（一九九一）度から三ヶ年にわたり、福島大学名誉教授・小林清治氏をはじめ、五名の専門委員によって、学術調査が進められて山城の全容解明に成果をあげられました。

城郭構造については、日本城郭史学会代表の西ヶ谷恭弘氏によって、遺構調査と成果図が作成されました。

このたび、西ヶ谷恭弘氏から、直接ご

教示をいただいた範囲で、一曲輪《いちのくるわ》（本丸）からご案内をさせていただきます。

一《いちの》曲輪《くるわ》（本丸）地区

◇岩崎山のてっぺん

ここは本郷町の市街地から、一八四メートル高い、標高四〇八メートルの所にあります。東西約四〇メートル、南北およそ二〇メートルの平場で、一曲輪（本丸）の中心です。北側と南側に虎口跡《こぐちあと》を残しています。平場のまわりを、〇・五メートルほどの高さの土塁《どるい》が巡っていました。北側の三角点のあたりは、〇・八メートルほど高く〝櫓台状遺構《やぐらだいじょういこう》〟と見られています。ここ、東側の石段を下がった所に二段の削平地《さくへいち》が、桝形状《ますがたじょう》（虎口）に築かれています。

南東側は、阿賀川の上流を監視するためにせり出して築かれています。東側は崖《がけ》や岩場《いわば》が多く、容易に近寄ることができません。

西側の斜面には幅約八メートルの竪堀《たてぼり》と、高さ約一メートル、幅約二メートルの横堀が、一北曲《いちのきたくる》

岩崎山の山頂に松風を聞く、一曲輪〔本丸〕

老松の樹陰が、中央の小径をよぎる。

山頂のほぼ中央に見える巨大な岩石（流紋岩）。

輪群《わぐん》上段へと巡っています。

　南側の尾根（搦手道《からめてどう》）は、西曲輪群《にしくるわぐん》へと続きます。

◇一北曲輪群（古城の道・1）

↑（20分）↓（15分）・石段数（一一六）

　二曲輪《にのくるわ》の駐車場から、車道を横切ると〝古城の道〟が、石段を重ねて奥まっています。逆S《エス》字の歩道が、とぎれとぎれに石段を連ねて葉隠れに続きます。

すっかり葉を落とした雑木林の根本にエゾユズリハ・クマザサ・アオキが夕べの露を葉の面《おも》に光らせています。

　大きな竪堀の斜面にシシガシラが群落を広げて垂れ下がり、土砂の崩壊《ほうかい》を押さえています。七段登って一〇メートル進み、五段続いて六段、一二段ほど登った所に、半円状に土塁《どるい》と空堀《からぼり》を巡らした〝丸馬出《まるうまだし》〟が構築されています。

　戦国期に武田氏領の国下で半円状の丸馬出が盛んにつくられたといわれます。

　ここの丸馬出は、標高三七八メートルにあって、南北経四五メートルを測ります。

　ここから一五段ほど曲がって登ると、一五メートル四方の土塁《どるい》を残す〝桝形虎口《ますがたこぐち》〟へ入ります。ショウジョウバカマが土塁を覆《おお》っています。

　さらに三段登ると、一東曲輪群《いちのひがしくるわぐん》への鞍部上《あんぶじょう》に突き当ります。

堅固な守りを備える〔一曲輪群〕

上段に築かれた、15メートル四方の〔桝形虎口〕。

土塁と空堀を巡らす、半円状の〔丸馬出〕。

一曲輪（一北曲輪）

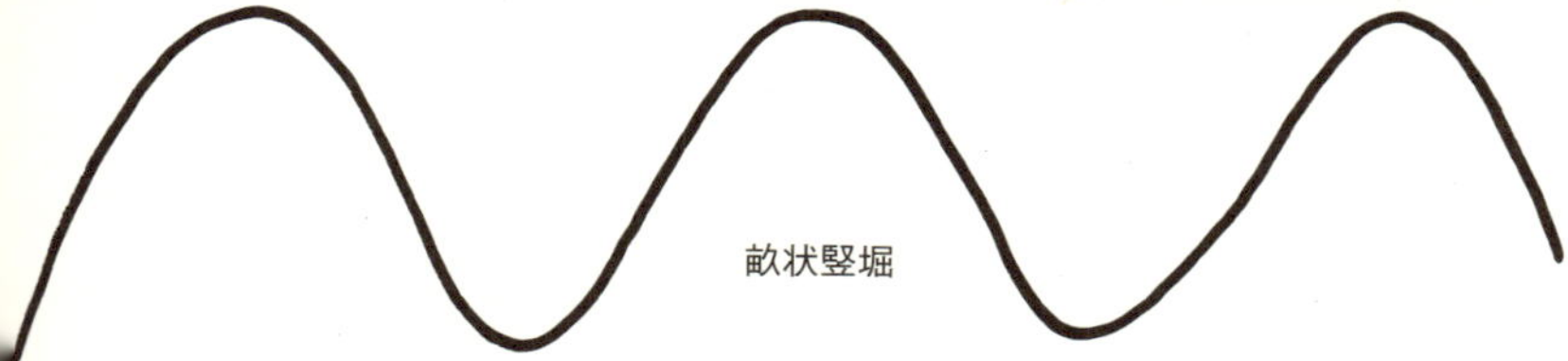

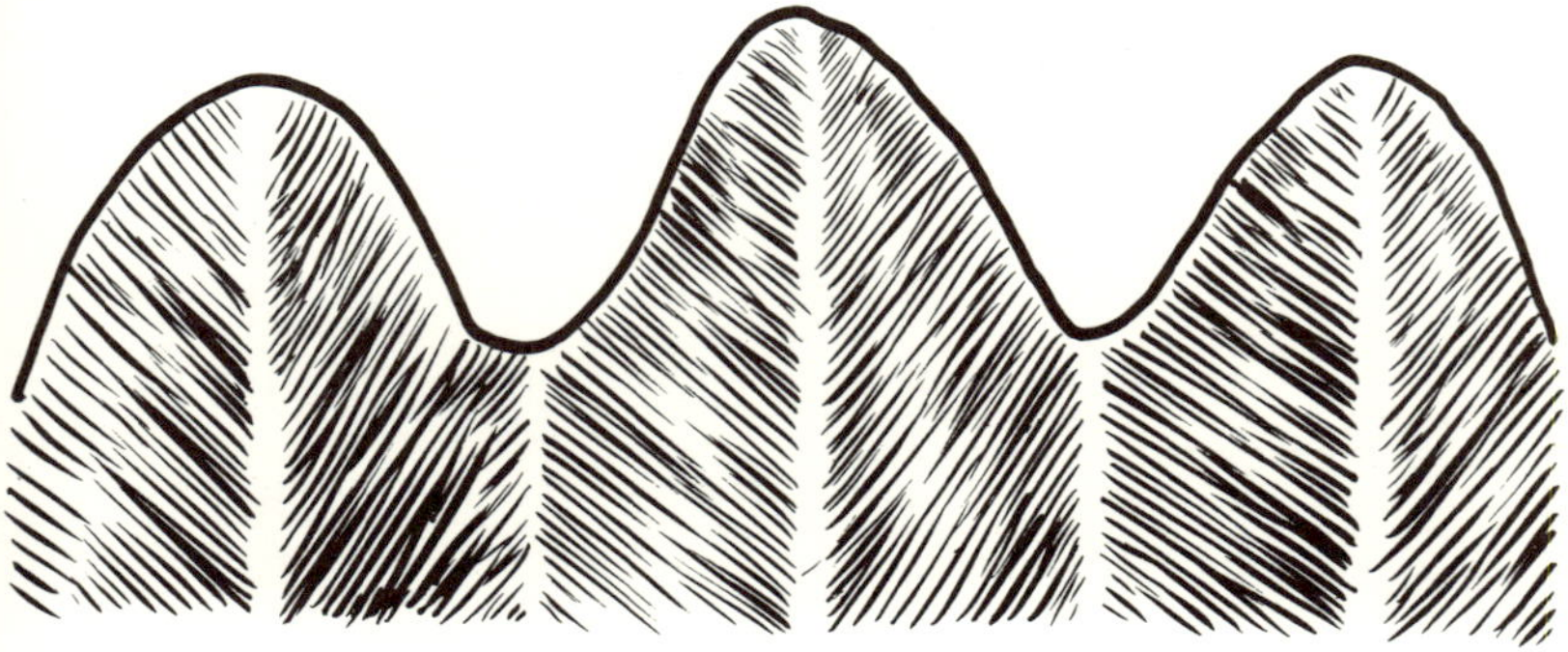

畝状竪堀

◇搦手道《からめてどう》（古城の道・2）

↓（15分）↑（20分）・石段数（一〇二）

一曲輪《いちのくるわ》から西尾根の搦手を下がると、堀切が尾根を深くV字形に遮断《しゃだん》して、南北の堅堀とつながっています。

北側の堅堀は峻険《しゅんけん》で敵の侵入《しんにゅう》を許さない構えを見せています。堀切の底には、多くの巨大な岩石が半ば地に隠れて、とがった角が天を刺しています。

ここから下がると中段の堀切に突き当たります。形状は上段の堀切とほぼ同じといってよいでしょう。

北側の堅堀は斜面の中腹で、上段の堅堀とつながって西曲輪群へと落ち込んでいます。ここの南端上部に、物見台状遺構があります。樹木にさえぎられて、阿賀川の上流を展望することはできません。

ドウダンツジの植え込まれた尾根を下がった所にベンチが置かれています。ここからは、会津盆地の南西山麓が手に取るように眺められます。

三〇段ほどの石段を下がると、ここ搦手道で最強の防備を誇る下段堀切が構築されています。高さ・幅・広さといい、見事なものです。

斜面に数本のアズキナシが、雑木林にまじって紅い実をのぞかせています。

搦手道はここから幅広の石段を六〇段

堀切と竪堀を備える〔搦手道〕

V字形の〔堀切〕と石段。

西曲輪へ落ち込む大きな竪堀。

ほど連ねてうつろ坂車道へと下ります。

◇一東曲輪群《いちのひがしくるわぐん》（古城の道・3）

↑（25分）↓（20分）・石段数（二一三）

弁天曲輪《べんてんくるわ》の南口から登ってみましょう。道いっぱいに松の葉が敷《し》きつめられています。とぎれとぎれに続く石段を、三五段ほど登った所にベンチが置かれています。

ここは、絶壁が垂直に突っ立って人を寄せつけません。ウワミズザクラ・コシアブラ・ホオノキが、白い樹皮を光らせています。狂い咲きのヤマツツジが二、三輪こがくれ（木陰《こかげ》）に見えます。

天へ登るような石段をふんばると〝腰《こし》曲輪《くるわ》〟が待っていました。さほど広くない平場が、北西に広がっています。

ここから、三九段登った所に平場があります。一北曲輪群《いちのきたくるわぐん》へ続いている〝帯《おび》曲輪《くるわ》〟です。遊歩道になっているから、呼吸を整えながら歩むのに好都合です。

目の前に八〇余を数える石段が、天へ架《か》けた梯子《はしご》のように現れました。北向きの斜面に、シシガシラ・イワナシ・ショウジョウバカマが張りついています。

「ドッコイドッコイ」登ると、絶壁コースが展開します。岩場と石段が渾然一体《こんぜんいったい》となって、松の根を抱きかかえています。

ここは、阿賀川の流れによって削りとられた岩場で、鉄壁《てっぺき》の備《そな》えを誇ります。

石段と岩場の続く〔一東曲輪群〕

天へ登る梯子のような石段。

岩場の続く、東尾根上段コース。

何かが待っている遊歩道〔弁天曲輪口〕。

腰曲輪
帯曲輪
曲輪
二の丸駐車場
一曲輪（旧道）コース
車道
曲輪
帯曲輪
腰曲輪
畝状竪堀
畝状竪堀
遊歩道
古城の道
腰曲輪
腰曲輪
畝状竪堀
車道
腰曲輪
一北曲輪群
（車道）
帯曲輪
畝状竪堀
竪堀
帯曲輪
腰曲輪
帯曲輪
空堀
つづら折れ
竪堀
腰曲輪
土塁
土塁
丸馬出
横堀
空堀
空堀
桝形虎口
陶石採取所
削平地
削平地
一東曲輪群
物見台遺構
腰曲輪
堀切
本丸
虎口
岩崎山
(408.7)
土塁
一曲輪
土塁
絶壁
一曲輪（本丸）地区
（一北曲輪群）
—山頂・旧道コース・遊歩道—
（———）　（- - - - -）

◆搦手道

―堀切・竪堀・物見台遺構―

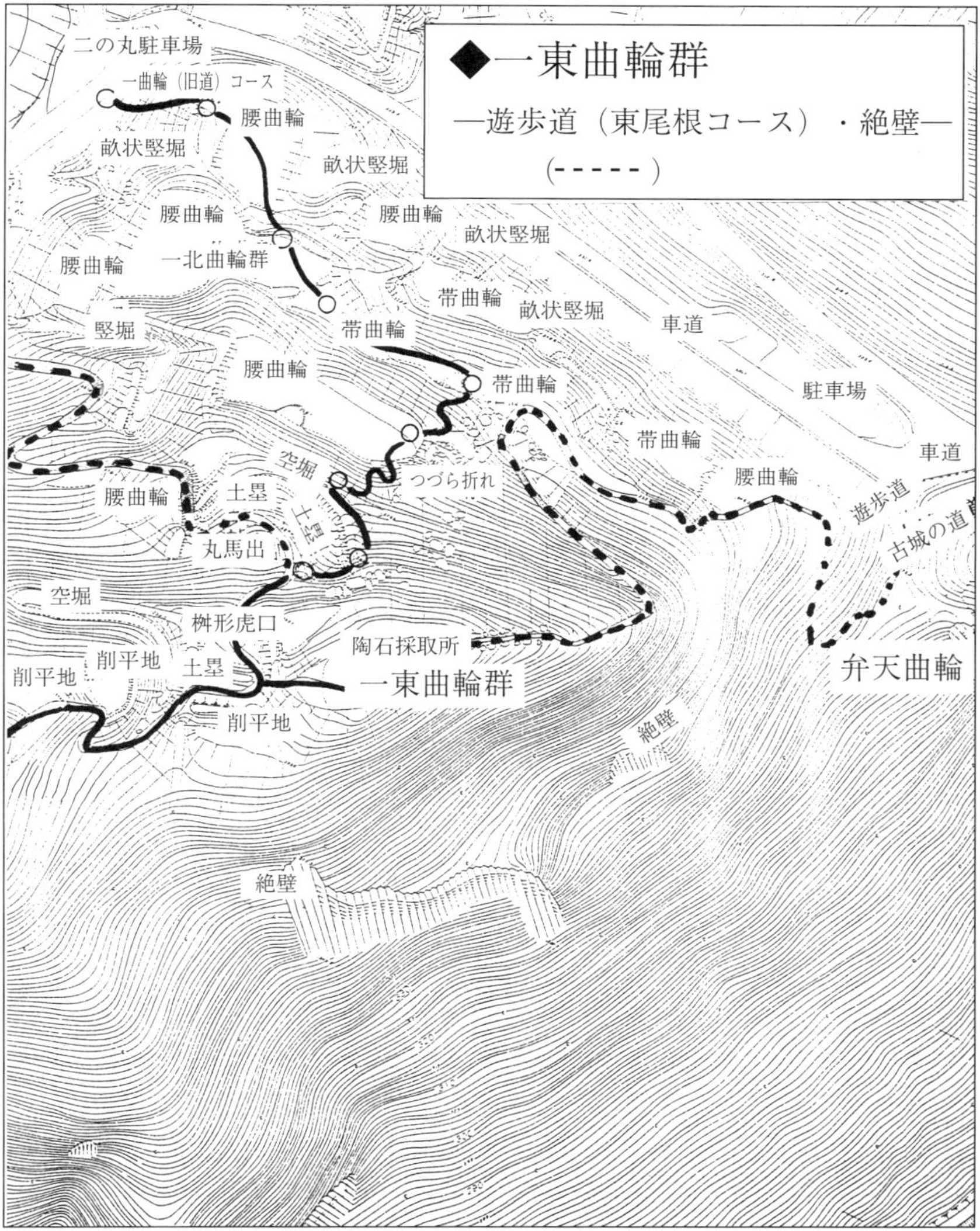
◆一東曲輪群
—遊歩道（東尾根コース）・絶壁—
(------)
二の丸駐車場
一曲輪（旧道）コース
腰曲輪
畝状竪堀
畝状竪堀
腰曲輪
腰曲輪
畝状竪堀
腰曲輪
一北曲輪群
帯曲輪
畝状竪堀
竪堀
帯曲輪
車道
腰曲輪
帯曲輪
駐車場
帯曲輪
車道
空堀
つづら折れ
腰曲輪
腰曲輪
土塁
遊歩道
土塁
古城の道
丸馬出
空堀
桝形虎口
陶石採取所
弁天曲輪
削平地
削平地
土塁
一東曲輪群
削平地
絶壁
絶壁

二曲輪《にのくるわ》（二の丸）地区

◇建物が建っていた城跡

一曲輪《いちのくるわ》（本丸）山頂より、五三・六メートル下がった北方に、空堀《からぼり》（車道）をへだてた、標高三五五・六メートルの平場があります。

ここは、通称〝二の丸〟と呼ばれ、展望公園となっています。

現状は、東西約三〇メートル、南北およそ六〇メートルを測り、中央に四阿《あずまや》、南東に展望台が建てられています。

工事の時、東側半分から直径約〇・五メートルの川原石の〝礎石《そせき》〟が、たくさん出土しました。

このことは、ここに大きな建物が建っていたことのあかしです。

この曲輪の西側半分は、工事の手が入っていないことから、地中に礎石があるものと考えられます。

「本郷邑《むら》向羽黒古塁之図」に、〝盛氏居所〟と書かれているのがこの曲輪《くるわ》にあたるようです。

あずまやと展望台のある〔二曲輪〕

ここは通称〔二の丸〕と呼ばれ〔展望公園〕になっている。

礎石の眠る美しい公園。

会津一番、すぐれた眺め…。

◇二北曲輪群

↑（20分）↓（15分）・石段数（六一）

二曲輪から西側の新設石段を下がると、巨石を積みあげて石塁《せきるい》で固めた〝桝形虎口〟が残っています。巨石の大半は埋もれたり、崩壊《ほうかい》しています。

ここの桝形虎口は、向羽黒山城のうちで、もっとも景観を意識して構築された虎口であると思われます。

ここから、空堀に架《か》かる〝土橋《どばし》〟を経て、水の手曲輪から、二北曲輪群下段への〝旧道〟があったと考えられます。

水の手曲輪は、径一〇メートルの楕円形の溜池です。〝扇の縄〟と呼ばれる土塁が北側に残っています。

つづら折れ道を下がると、空堀塁壁《からぼりるいへき》に石垣を見ることができます。

つづら折れ道は、下段の〝空堀道状通路〟と合流して、ここの曲輪の中心へと進みます。〝虎口〟を経て、二つの削平《さくへい》地《ち》へ入ります。

ここの上段には見事な〝石積石垣《いしづみいしがき》〟が築かれています。

二北曲輪下段の斜面を削って、開かれた駐車場の東側上に、二曲輪への導入口とも見られる〝喰違状虎口《くいちがいじょうこぐち》〟が、土塁をともなって残っています。

景観を誇り、固い守りの〔二北曲輪群〕

堅固に築かれた、石積石垣（桝形虎口跡）。

中央上段に見る、見事な石積石垣。

二西曲輪との境、空堀の石積石垣。

◇二西曲《にのにしくる》輪《わ》群《ぐん》

↑（10分）↓（10分）・石段数（七三）

二曲輪の南から西の方へ向かって深く落ち込んでいる静かな所です。

西上段・西北曲輪群とは、空堀・竪《たて》堀《ぼり》・削平地とで接しています。

三南曲輪群との境《さかい》には、大きな空堀や竪堀が、南から北へと走ります。

この一帯は、コナラを主とした雑木林が広がっています。

エゾユズリハ・アオキが、下草のヤブコウジ・シシガシラ・ショウジョウバカマを覆っています。

通称〝げんべ沼〟と呼ぶ「馬洗場《うまあらいば》」は、この下段にあってモリアオガエルの産卵池となっています。

◇二東曲《にのひがしくる》輪《わ》群《ぐん》（みかえり坂）

↑（15分）↓（10分）・石段数（九二）

お茶屋場から、車道を南へよぎると、急斜面に石段を重ねた〝みかえり坂〟が見えます。

股《もも》をぐっと上げて「ヨイショヨイショ」と登りましょう。

坂のあちこちにヤマユリが揺れて、高い香りを山いっぱい放っています。

ほぼ平坦《へいたん》な幅広の削平地《さくへいち》（曲輪）には、

水面に咲くアジサイ。

モリアオガエル

アジサイの花に包まれた白い泡塊。

真珠のゆりかご。

雑木林が北西へ見事に広がって、日光が青葉に射しこんでいます。

石段を登ると、上段に帯曲輪《おびくるわ》が南東へ巡り、北東に土塁《どるい》に囲まれた一二メートル四方の〝桝形虎口《ますがたこぐち》〟がここの守りを固めています。

ここより、急斜面の石段を「ドッコイドッコイ」登ると、二曲輪が緑の芝生《しばふ》を敷《し》いています。


(お茶屋場) ↑(1分)↓(1分)・車道通り

ここは標高が三一〇・六メートルの削平地で、お茶屋場と呼んでいます。

むかし、ここの城主であった芦名盛氏が、すばらしい景観を愛し、風月を友として茶の湯を楽しんだ所といわれております。

この四阿《あずまや》に腰を下《おろ》して、天下一の眺望に体の疲れをなぐさめましょう。


(弁天神社) ↑(5分)↓(5分)・石段数(三二)


ここの宗像《むなかた》の神は〝弁財天《べんざいてん》〟であるところから、弁天曲輪《べんてんくるわ》と呼ばれます。

阿賀川の清流をここから眺めると、どんな心の迷いも吹っ飛ぶといわれます。

すばらしい眺望を誇る〔二東曲輪群〕

盛氏が〔茶の湯〕を楽しんだ〔お茶屋場〕跡。

弁財天を祀る〔弁天曲輪〕の景観。

ドッコイ、ドッコイ、みかえり坂。

12メートル四方という〔桝形虎口〕。

二曲輪（二の丸）地区
—二北曲輪群・二西曲輪群—
空堀
土塁
北東曲
凹凸状
土塁
旧道
空堀
空堀
堀切
二北曲輪群
空堀
車道
車道
空堀
空堀
三の丸駐車場
喰違虎口
曲輪
空堀道状通路
虎口
曲輪
つづら折れ
二北曲輪群
石垣
二北曲輪群
石垣
帯曲輪
土塁
水の手曲輪
（見張櫓跡）
空堀
竪堀
帯曲輪
枡形
竪堀
竪堀
竪堀
桝形虎口
西一曲輪東竪堀
二西曲輪群
二西曲輪群
空堀
遊歩道
二曲輪
（二の丸）
腰曲輪
曲輪
帯曲輪
腰曲輪
平場
曲輪
帯曲輪
腰曲輪
帯曲輪
西上段曲輪群
曲輪
（二の丸駐車場）

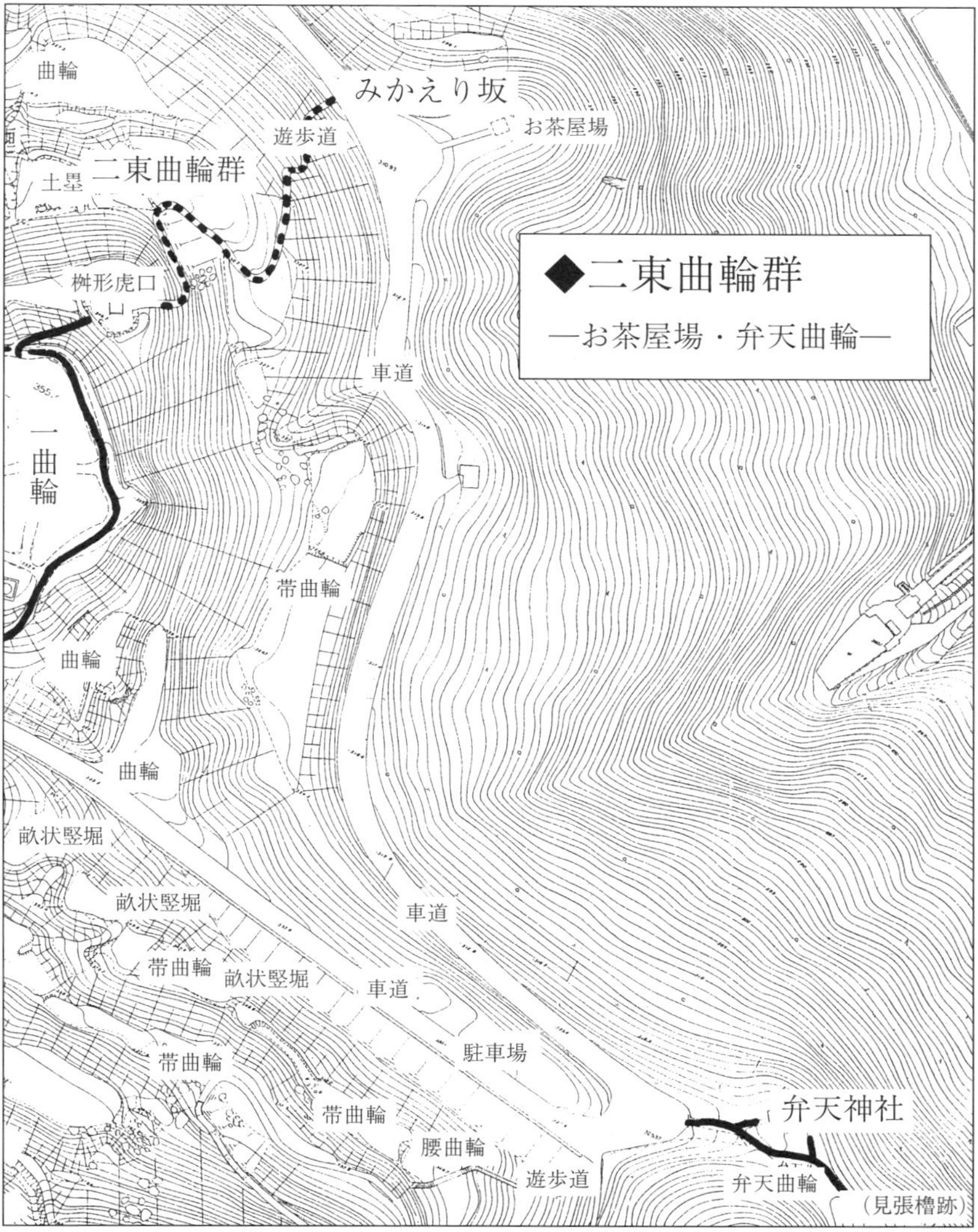
◆二東曲輪群
―お茶屋場・弁天曲輪―
曲輪
みかえり坂
お茶屋場
遊歩道
二東曲輪群
土塁
桝形虎口
車道
一曲輪
帯曲輪
曲輪
曲輪
畝状竪堀
畝状竪堀
車道
帯曲輪
畝状竪堀
車道
駐車場
帯曲輪
帯曲輪
腰曲輪
遊歩道
弁天神社
弁天曲輪
（見張櫓跡）

三曲輪《さんのくるわ》（三の丸）地区

◇馬場跡の残る城跡

向羽黒山城の城郭遺構群の中で、北側の出城（羽黒山・観音山）に、もっとも近い、標高二九七・二《メートル》の山稜上《さんりょうじょう》が、通称〝三の丸〟と呼ばれる三曲輪です。

やや広い削平地（平場）には、アカマツがほどよく伸びて、夏になると、ヤマユリが高い香りを山城いっぱいに放ちます。

北西に広がる、なだらかな斜面には芝草が広がっています。

ここの遺構群は、東側（三東曲輪群）・西側（三西曲輪群）・南側（三南曲輪群）とに分散しています。

ヤマユリの花影から、それぞれの遺構《いこう》群《ぐん》をつぶさに眺めることにしましょう。

◇三東曲輪群《さんのひがしくるわぐん》

管理棟《かんりとう》の前を南へ車道が走っています。この先の駐車場手前に、大きな空堀《からぼり》（上幅一二《メートル》から一五《メートル》）があります。

三日町の上段から斜上してきた小径《こみち》

ヤマユリの香りただよう〔三曲輪群〕

ここのシンボル〔ヤマユリ〕。

駒のいななきを忘れた〔馬場跡〕。

大きな畳岩、三南曲輪の空堀。

馬場跡よぎるなつかしい旧道。

（旧道）が、羽黒神社の入口で交わり、くるみ坂から、北曲輪へ向かっています。

ここの空堀と旧道に挟《はさ》まれた一帯を、三東曲輪群と呼びます。ここは、向羽黒山城の玄関口といえるでしょう。

◇三西《さんのにし》曲輪《くるわ》群《ぐん》

↑（10分）↓（10分）・太子堂（三日町）口から

この曲輪は、三日町と三曲輪との間に形成された曲輪です。三日町の谷間の東側、岩崎山の稜線の出張る所から、太子堂の東裏山にかけての一帯をさします。

ここは、雑木林が見事に広がり、旧道（小径）が葉隠れています。


坂道の削平地群は、帯曲輪状に亘って形成されています。

ここには、シュンラン、ヤマツツジ、ショウジョウバカマ、カキラン、林内にはギンリョウソウも観察できます。

◇三南《さんのみなみ》曲輪《くるわ》群《ぐん》

↑（7分）↓（7分）・石段数（三四）

ここは、二西曲輪群と、西北曲輪群を分ける空堀が、西側斜面に落ち込んで〝竪堀《たてぼり》〟になるときに形成された〝削平地群〟といわれています。

この空堀の中ほどに、畳岩《たたみいわ》が露出しています。

ひっそりと咲く山の花・小径の花

ショウジョウバカマ

シュンラン

ギンリョウソウ

ヤマツツジ

カキラン

イカリソウ

大きな空堀と〔畳岩〕。

松林を彩る〔カキラン〕。

年ごとにふえる〔ヤマユリ〕。

三曲輪（三の丸）
地区
—三東曲輪群—
車道
トイレ
旧道
車道
三東曲輪群
馬場跡
空堀
三西曲輪群
空堀
三東曲輪群
土塁
三曲輪（三の丸）
空堀
帯曲輪状削平地
遊歩道
旧道
三南曲輪群
車道
空堀
三南曲輪群
空堀
空堀
堀切
竪土塁
空堀
帯曲輪状削平地
竪堀
トイレ
竪堀
（三の丸駐車場）
削平地群
喰違虎口

◆三西曲輪群

三西曲輪群・旧道
馬場跡
三西曲輪群
三西曲輪群
削平地
三曲輪（三の丸）
遊歩道
三南曲輪群
常勝寺跡
三南曲輪群
太子堂
空堀
竪土塁
竪堀
帯曲輪状削平地
竪堀
中央道路
削平地群

◆三南曲輪群
車道
三東曲輪群
三西曲輪群
三曲輪（三の丸）
削平地
遊歩道
三南曲輪群
削平地
車道
遊歩道
三南曲輪群
削平地
空堀
空堀
堀切
竪土塁
空堀
帯曲輪状削平地
竪堀
竪堀
（三の丸駐車場）
げんべ沼
削平地群
西北曲輪群
遊歩道
（根小屋集落跡）

北曲輪地区《きたくるわちく》

空堀と土塁に囲まれる、標高二七三・六メートルの曲輪を「伝・盛氏屋敷跡」と呼びます。ここは、東西二七メートル、南北二一・五メートルから成《な》る方形の平場です。

北東側の、桝形状虎口と見られる出張りに通路を残しています。

周囲、四メートルの高さを誇る土塁のコーナーは、櫓台状《やぐらだいじょう》に広まっており、ここを取り囲む形で空堀が巡っています。

南側では、深さ九メートル、上幅一五メートル、西側に深さ七メートル、上幅一五メートルから二〇メートル、北側は堅堀状の谷間になっています。

北東曲輪とは、二〇メートルの橋でつながっていました。

◇くるみ坂（曲輪坂《くるわざか》・北大手口）

くるみ坂の登り口は、〝北の原〟と呼ばれ、向羽黒山城の北東を巡る〝外郭〟でした。

※北原《キタノハラ》は向羽黒山の山麓にあり、東西六町・南北三町余の芝原なり、葦名氏此《コノ》山《ヤマ》に築城し時は、士《サムライ》屋敷・商家など

ひっそりと静もる〔北曲輪〕

伝・盛氏屋敷跡…？

明るく広がる〔北東曲輪〕。

北大手口から〔くるみ坂〕を見る。

くるみ坂(左)・盛氏屋敷跡(右)。

ありし云。（『新編会津風土記』）

ここを「十日町」ということなどとも考え合わせると、遺構としてとらえることができます。

「北大手口」は、三日町より入る〝西曲輪口〟の「大手口」に対する名称として、用いられたものと考えられます。

くるみ坂と羽黒山との境目の谷間に、八段の削平地が拓《ひら》かれています。

ここは人為的な工事をほどこし、積み石によって雛段状《ひなだんじょう》に区画を造成し、複数の家臣団屋敷を構えたと考えられます。

このへんは「上町」という曲輪で、この坂を〝曲輪坂《くるわざか》〟と呼んでいたのが、いつのころか〝くるみ坂〟と訛《なま》って呼ばれるようになったとも考えられます。

この坂を登りつめると、三日町より東へのびてくる〝旧道〟と交わります。

◇北東曲輪《ほくとうくるわ》

北曲輪の南東に、仮称〝北東曲輪〟があります。二曲輪と境を形成する空堀に挟《はさ》まれて、三角形状の平場を広げています。

東西九〇メー（トル）、南北七〇メー（トル）を測り、北に横矢桝形《よこやますがた》と、楕円形状《だえんけいじょう》の土塁をともなう小曲輪があります。ここは、桝形虎口と丸馬出《まるうまだし》の名残のようにも見えます。

東側は、激しく屈曲《くっきょく》する、土塁をともなう空堀です。深さ四メー（トル）ぐらい、上幅は平均一〇メー（トル）を測ります。

北曲輪（伝・盛氏屋敷）群

―くるみ坂（北大手口）・北東曲輪（仮称）―

西曲輪《にしくるわ》地区

◇大手口《おおてぐち》を残す城跡

三日町は、岩崎山の西の谷間に開かれた集落です。

この奥に、短冊状《たんざくじょう》の削平地《さくへいち》が中央の小径《こみち》の両側に形成されています。ここは、往時の根小屋《ねごや》（家臣団屋敷）跡と見られます。

城郭域の入口は土塁が喰違《くいちが》い、一歩入った所に、巨大な枡形状《ますがたじょう》の〃馬出〃が設けてあって、大手口を想定できる構えを見せてくれます。

ここは、西一・西二・西三の曲輪群で形成された山城の砦《とりで》といってよいでしょう。

では、西一曲輪群から踏み込んでみましょう。

◇西一曲輪群

↑（10分）・石段数（二〇）
↓（10分）

大手口から、踏みしだかれたドクダミ

西曲輪群へのゆめ追い〔探訪〕

西二曲輪群と石段。

幅広の長い長い〔削平地〕。

西三曲輪の雑木林と小径。

西一曲輪への大手口歩道。

に気をとられながら進むと、〝喰違土塁《くいちがいどるい》〟に突き当たります。

ぼんやり通っただけでは土塁に気がつきません。歩みを止めて、じっくりと現状を確かめましょう。

北東に、六〇《メートル》の土塁で築かれた桝形状の大きな〝馬出《うまだし》〟、やや上段に一五《メートル》から折れて三〇《メートル》となる大きな外桝形《そとますがた》の〝虎口〟が、土塁で鍵手《かぎて》に築かれています。

ここから北へ平坦《へいたん》な小径《こみち》を進むと、西上段曲輪群が雑木林を山頂へと広げます。

ヤマウルシ・ウスノキ・ママコナ・ドクダミ・アクシバが、日なたに花を咲かせています。

〝げんべ沼〟は、すぐそこです。

◇西二曲輪群《にしにのくるわぐん》（うつろ坂へのコース）

↑（15分）↓（10分）・石段数（一五〇）

西一曲輪群の上段には、八段から一〇段を数える削平地《さくへいち》（平場）と、横堀（空堀）とで、見事に構築されています。

いずれも、一〇《メートル》幅から二〇《メートル》、長さ一〇〇《メートル》を測る大きな区画も見られます。

ここには、雑木林が見事に広がって、ヤマツツジ・リョウブ・アオキの低木と、ショウジョウバカマ・シシガシラ・ノギランなどの下草が林床《りんしょう》を覆っています。

この曲輪の東と西に、大きな竪堀《たてぼり》が

西一曲輪の鉄壁の備え

60メートルの土塁を設ける〔馬出〕。

鍵形に築かれた〔枡形虎口〕。

広く長い平場（削平地）。

雑木林のショウジョウバカマ。

曲輪を挟む大きな竪堀。

あって、斜面を深く穿《うが》っています。

このように、斜面を削平《さくへい》して、竪堀と土塁で区画する築城法は、久川城（南郷村）と共通するものといわれます。

さあ、一歩踏み込んでみませんか……。

◇西三曲輪群

↑（10分）↓（10分）・石段数（0）

大手馬出の、高い土塁の西側から、北東へ広がる一帯を〝西三曲輪群（西北曲輪群）〟と呼びます。

雑木林に一歩入ると、おどろくほど静かで、山城の一郭《いっかく》であることを忘れさせられます。落葉の小径《こみち》をたどると、幅広の削平地群《さくへいちぐん》が、四段から五段、ゆるやかな斜面に築かれています。

遺構群は、クマザサ・アオキ・ススキに覆われて、踏み入ることができません。ガサガサとやぶから、人影が現れました。栗拾いに毎日ここへくるそうです。往時の人たちも、ここの林で、たけがりに興じたことでしょう。

参考文献

『向羽黒山城（岩崎城）跡保存管理計画書』
会津本郷町教育委員会
『日本史小百科・城郭』西ヶ谷恭弘著
『解説・向羽黒山城（岩崎城）跡』向羽黒山城跡検証事業実行委員会

ホシシメジ（食）

クリタケ（アカンボ）（食）

アンズタケ（食）

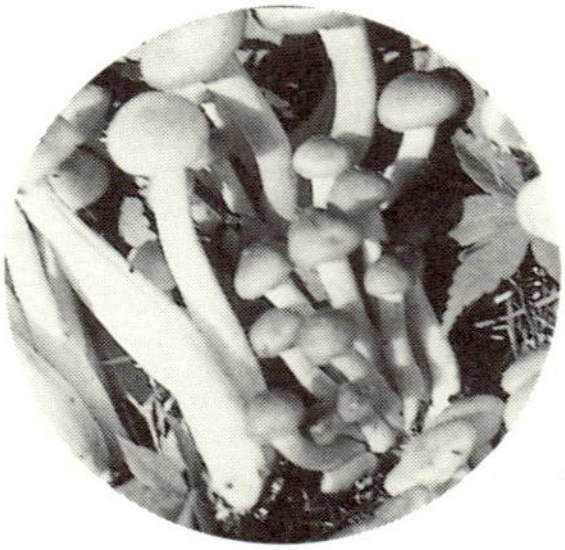
ナラタケモドキ（食）

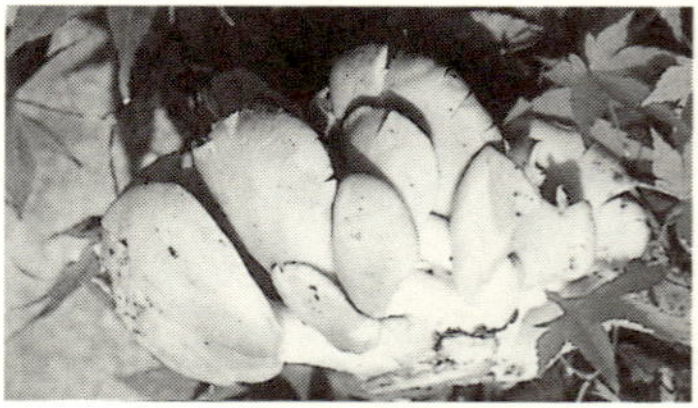
ニンギョウタケ（食）

マツタケ（食）

三日町
三西曲輪群
削平地
三南曲輪群
常勝寺跡
太子堂
三日町上
中央道路
(根小屋集落跡)
(根小屋集落跡)
帯曲輪状削平地
大手口
喰違土塁
土塁
(馬出し)
258.2
西曲輪入口
—西大手口—

帯曲輪状削平地
西三曲輪群
西一曲輪東空堀
土塁
大手口
喰違土塁
大手桝形虎口
(馬出し)
空堀
西一曲輪東竪堀
遊歩道
横堀
横堀
竪堀
西一曲輪
西一曲輪群
空堀
腰曲輪
腰曲輪
平場
竪堀
主曲輪
竪堀
帯曲輪
曲輪
西一曲輪
西上段曲輪群
腰曲輪
腰曲輪
帯曲輪
竪堀
西二曲輪群
竪堀
西二曲輪群
(車道)
遊歩道
竪堀
◆西一曲輪群

(根小屋集落跡)
(根小屋集落跡)
帯曲輪状削平地
西三曲輪群
西一曲輪東空堀
土塁
大手口
喰違土塁
大手桝形虎口
遊歩道
空堀
横堀
竪堀
西一曲輪
空堀
竪堀
主曲輪
竪堀
西一曲輪
腰曲輪
西二曲輪群
◆西二曲輪群
竪堀
西二曲輪群
竪堀
西二曲輪群
遊歩道
竪堀

空堀
堀切
竪土塁
空堀
堅堀
竪堀
帯曲輪状削平地
(三の丸駐車場)
げんべ沼
削平地群
西三曲輪群
遊歩道
西北曲輪群
(根小屋集落跡)
帯曲輪状削平地
西三曲輪群
西一曲輪東空堀
往にし方の道
ここで合流する
土塁
大手口
喰違土塁
①
大手桝形虎口
遊歩道
空堀
西一曲輪東竪堀
遊歩道
横堀
竪堀
空堀
腰曲輪
腰曲輪
西一曲輪
平場
②
竪堀
主曲輪
竪堀
帯曲輪
西一曲輪
西上段曲輪群
腰曲輪
腰曲輪
帯曲輪
竪堀
西二曲輪群
竪堀
西二曲輪群

あとがき

昨年六月の〝文化財保護審議会〟で、向羽黒山城跡のガイドブックの執筆を担当することになりました。

さっそく、西ヶ谷恭弘氏にご指導をいただき、写真と地図を用いてそれぞれの〝遺構〟の概略を解説させていただきました。

曲輪の名称や考え方については、学者や研究家の間に学術上の見解が異ります。

不可解な問題については、今後の調査や発掘によって解明されることでしょう。

〝城郭〟という学術に疎い私ですので、通り一遍のガイドになってしまったことをお詫びいたします。

向羽黒山城跡を探訪なさる方々の〝道しるべ〟になることを切に願って……。

平成十五年四月一日

佐藤金一郎

質問に応えて〈順不同〉

○向羽黒山城は、いつ・だれが築いたの？

永禄四年（一五六一）、今から四四二年前、黒川城主・芦名盛氏の手によって起工され、同十一年（一五六八）に完成した山城といわれます。

○向羽黒山城の大きさ（面積）は？

会津本郷町字舟場という地内にあって、東西約一・四キロメートル、南北約一・五キロメートルに亘《わた》り、五〇万五七四六・八平方メートルの広大な面積を有する、東北地方でもっとも大きい山城跡といわれます。

○どうして「向羽黒山城」と呼ばれるの？

黒川城（現・会津若松城）に近い、湯本村の羽黒山（神社）と向かい合うところから、呼ばれるようになりました。

○「盛氏屋敷」はどこにあったの？

北曲輪のほぼ真ん中に、高い土塁《どるい》と、深い空堀に囲まれた「伝・盛氏屋敷」跡があります。

「本郷邑《むら》向羽黒古塁《こるい》之図」を見ると、二曲輪《にのくるわ》（二の丸）が、「盛氏住居」にあてはまるようにも考えられます。

このことは、これからの発掘調査によって明らかになることでしょう。

○「ここは、根小屋跡《ねごやあと》です」と、聞きますが、「根小屋」ってなんですか？

山城の不便さから、麓《ふもと》に構えた日常生活用の館《やかた》、山城警固にあたる城番の生活の場であったとみられます。

戦国期には、家臣団集落をも「根小屋」と呼んでいます。

従来《じゅうらい》は「山の根にある小屋」として、麓にある集落の遺名であるといわれてきました。

○岩崎山から「鈴石」を掘ったという話を聞くのですが、どんな石で、今でも掘れますか？

岩崎山から発見される中空球状の岩石です。振れば、カラカラと清音を発するところから「鈴石」と呼ばれます。

大きさは、拳《こぶし》ぐらいのものから、径二・三センチメートルのものまであります。

町の天然記念物にもなっている珍しい石なので乱掘《らんくつ》を禁じています。

○「げんべ沼」って、どんな沼で、どこにあるんですか？

二の丸と三の丸の中間にある堀割《ほりわり》の末《まっ》端《たん》にあります。

形が、わらで作った冬の履物《はきもの》（げんべ）に似ているところからの名といわれます。

ここの山城が機能《きのう》していたころの「馬洗い場」であったとも伝えられています。

○ここ山城のどこかに「カタクリ」の群生地があると聞いていますが、どのへんでしょうか？

お茶屋場から、弁天神社に向かう車道の北東側の急斜面です。

ここ五年ほどの間に斜面いっぱい花が咲くようになりました。

五月上旬ごろからの花が一番です。お茶屋場に車を置いて、弁天神社への車道を進んでください。

左側の下斜面に俯《うつむ》いて揺れるカタクリが眼へ飛び込んでくるでしょう。

○「盛氏」は、どのような武将だったのですか？

一口に、お話をすることはできませんから、年表にしてみました。必要なところを読み取ってください。

芦名盛氏は、征戦《せいせん》に忙《いそが》しいだけの武将に思われがちですが、決してそうではなかったのです。

天文十五年（一五四六）ごろ、雪村《せっそん》を

会津に寄せて画道にも心を向け、絵をたしなみました。

盛氏の自画と伝えられる「鷹」の掛軸一幅が、千代家の家宝として保管されています。

二東《にのひがし》曲輪《くるわ》群《ぐん》の中腹に「お茶屋場」と呼ばれる景勝地があります。

ここから盛氏が、すばらしい景観をこよなく愛し、風月を友として茶の湯を楽しんだ所といわれています。

若くして父（盛舜）のあとを継ぎ、黒川城築城後から、一日も平和のなかった彼の一生が「向羽黒山城跡」の随所《ずいしょ》に偲ばれます。

カタクリ

西暦	年号	盛氏の主なできごと
一五二一	大永元年	○父盛舜《もりきよ》（一五代）の二男として誕生する。
一五三〇	享禄三年	○将軍足利義晴に拝謁する。（盛氏一〇歳）
一五三七	天文六年	○伊達稙宗の二女と結婚する。（盛氏一七歳）
一五四三	天文十二年	○横田（現・金山町）に出兵して山ノ内氏を攻めた。（盛氏二三歳・初陣《ういじん》）
		○この時、山ノ内氏に味方をした河原田氏をも討ったが、深山幽谷に慣れた河原田氏の軍兵に、盛氏側はかなりの苦戦を強いられた。
一五四二〜	天文十一年〜	○伊達氏の内紛によって、義父稙宗が西山城に幽閉される。
一五四七	天文十六年	○五年間にわたる戦乱で、この地域は麻のごとく乱れる。（盛氏三七歳）
一五四九	天文十八年	○伊達晴宗が最上義守と戦う。盛氏は小川へ出兵して伊達氏を応援する。
一五五〇	天文十九年	○盛氏は安積郡中地に出兵して田村隆顕と戦う。
一五五一	天文二十年	○猪苗代氏の嫡男・平太郎に「盛」の一字を与えて元服させる。
一五五九	永禄二年	○一万の大兵を派遣して安積郡の大槻舘を攻め落とす。
一五六〇	永禄三年	○佐竹義昭・田村隆顕の連合軍と石川県松山で戦う。
一五六一	永禄四年	○向羽黒岩崎に隠居城の築城を始める。（盛氏・四一歳）
		○庶兄・山城守氏方、盛氏の不在中に乱を起こす。
		○急報に接した盛氏は急いで、黒川に引き返し、謀反を鎮圧した。

		○氏方と、謀反に参加した松井大学、松山泉、三橋左衛門、常世次郎左衛門と氏方の家臣七八人は山東で自害した。この場合の山東は、現在の東山町慶山あたりの丘陵地と考えられる。
一五六三	永禄六年	○武田信玄の要請に応えて、金山氏・松本氏の兵を派遣し、越後国中浦群管名に攻め入らせた。（盛氏四四歳）
一五六五	永禄八年	○将軍足利義輝が三好義継・松永久秀に殺される。義輝は三〇歳であった。 ○岩瀬郡長沼城に須田氏を攻める。「利無ク帰ル」。「多戦死ス」と、文献にあることから盛氏側が有利であったとは考えられない。
一五六六	永禄九年	○伊達晴宗と和睦する。一子盛興が輝宗の妹と結婚の約束をする。（盛氏四六歳） ○岩瀬郡に出兵して、横田城の横田氏を破る。
一五六八	永禄十一年	○向羽黒山城が完成する。この城を「巌館《いわたて》」と改名する。
一五七〇	元亀元年	○二本松の畠山氏と戦う。
一五七三	天正元年	○佐竹義重と戦う。（盛氏五四歳）
一五七四	天正二年	○盛興《もりおき》亡くなる。（二六歳）
一五七八	天正六年	○大槻氏・山ノ内氏の謀反を征討する。
一五八〇	天正八年	○中興の英主・盛氏亡くなる。（六〇歳） 法名「瑞雲院殿竹巌宗関大庵主」という。

向羽黒山城（岩崎城）跡
用語解説〈五十音順〉

「山城」はヤマジロ・サンジョウともいい、独立状の山が、峰続きで、三方が切り立つ山上に占地する城郭をいう。

標高ではなく、比高差《ひこうさ》（地域内の地表の最高点と、最低点との差）が、八〇～一〇〇メートル以上の山上にあるものを一般に「山城」という。

「曲輪《くるわ》とは、なんですか」
「虎口《こぐち》とは、なんですか」
「空堀《からぼり》とは、なんですか」

山城には〝山城〟特有の用語が数多くある。
いろいろな方々から質問された用語について解説をする。

山城といろいろな（堀）

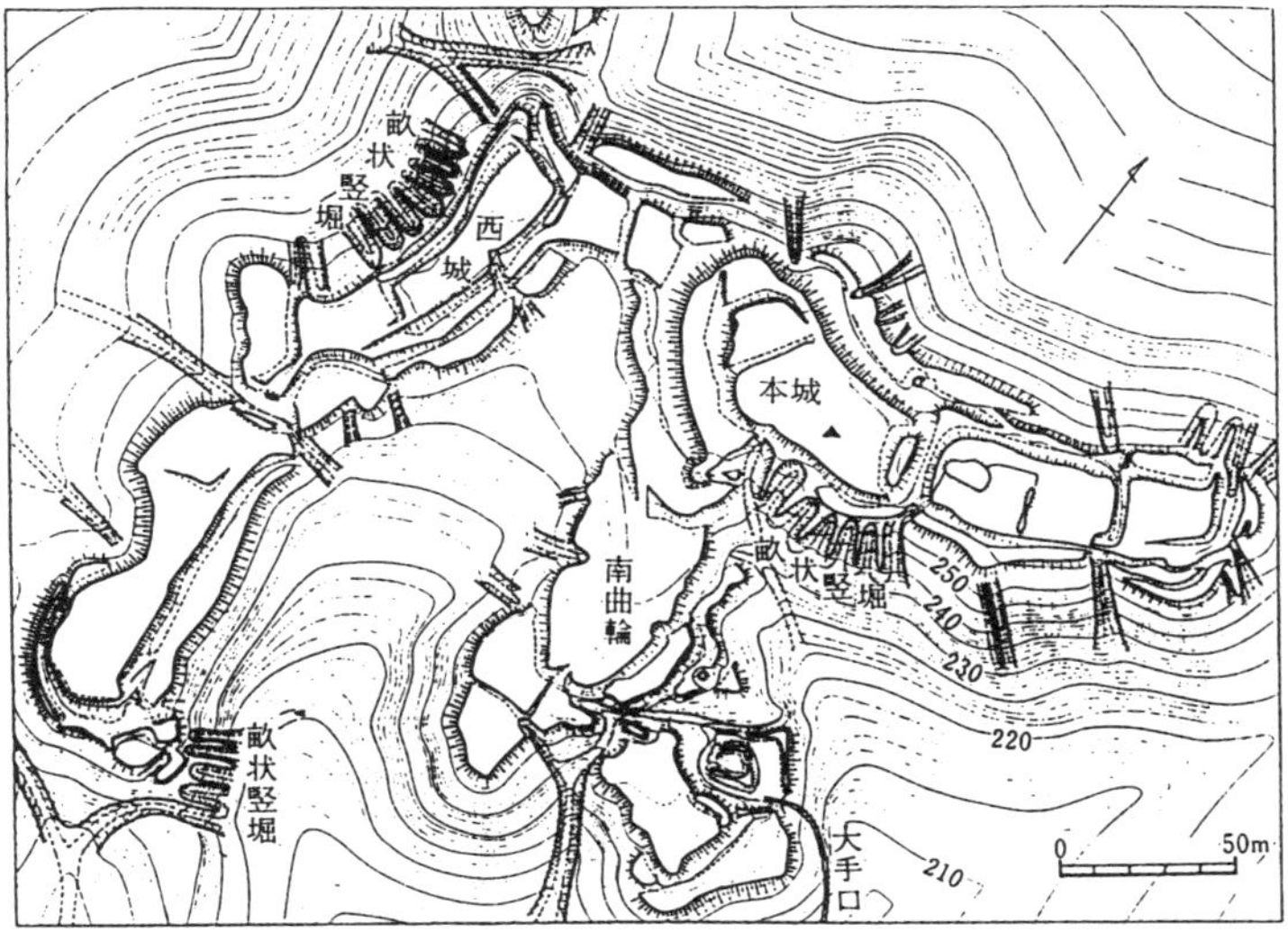

空堀・堀切・竪堀・畝状竪堀で固めた堅固な山城、
一曲輪（本丸）と似ている。

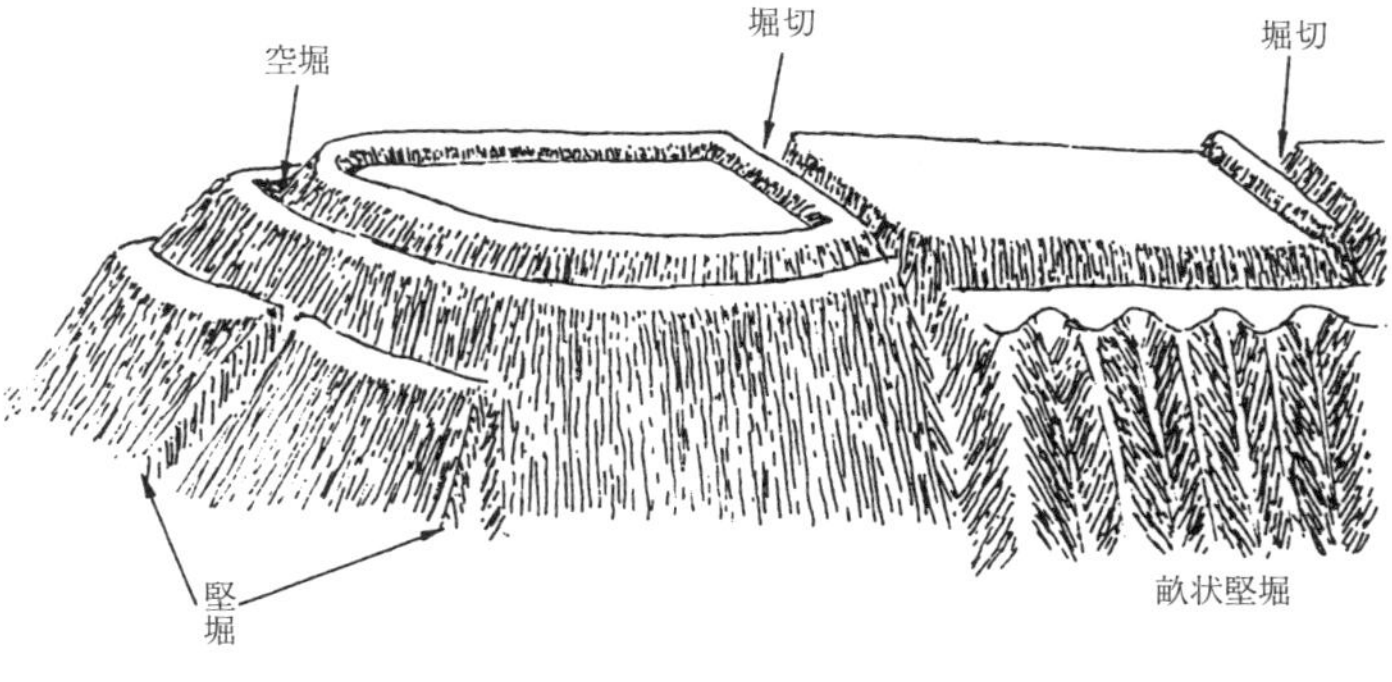

1. 石 垣（野面積《のづらづみ》）

永禄・天正年間の初期（一五五八―一五七三）の石垣は、自然石を加工しないで割ったまま積む〝野面積〟という石垣です。

二北曲輪群には見事な石積石垣《いしづみいしがき》が残存する。

2. 一曲輪（本丸）

一城の中心を〝一曲輪《いちのくるわ》（本丸）という。戦国期（中世）には、根城《ねじろ》・実城《みしろ》・本城《ほんじょう》・一曲輪《いちのくるわ》・構内《かまえのうち》と呼ばれた。

3. 一文字虎口

虎口《こぐち》の後方または前方に〝土塁《どるい》〟を置いたもので、進路と視界とを遮断《しゃだん》した。

二北曲輪に残存する石垣

（野面積石垣《のづらづみいしがき》）

4. うつろ坂

芦名氏の家臣、高橋徳元《たかはしとくげん》が阿賀川（大川）から、田地の用水として相川・柳西地区へ流入させた。この地域に洞穴《どうけつ》を掘ったところから「うつろ坂」という。

5. 畝状竪堀《うねじょうたてぼり》

山城の斜面に波トタン板のように、竪堀《たてぼり》と土塁《どるい》を交互に連続させるもので、〝畝状竪堀〟とか〝畝形阻塞《うねがたそさい》〟ともいう。

緩斜面《かんしゃめん》の山城の場合、攻城軍（敵兵）が容易に攀《よ》じ登ってしまう。そこで土塁と竪堀を連続して中腹以上の斜面に構築《こうちく》しておけば、自然と敵は竪堀に入ってしまう。守城兵は上から石をころばし、左右の土塁上から鑓《やり》（長い柄の先に細長い刃をつけた武器）で突けば、城への侵入《しんにゅう》は防止できる。

一北曲輪群下段《いちのきたくるわぐん》に、畝状竪堀が残存する。

6. 馬出《うまだし》

城の虎口《こぐち》や城門を敵の攻撃から味方を守るために、その前に設けられる土塁や石塁《せきるい》をいう。

戦国期に武田氏領国下では、半円状の丸《まる》馬出《うまだし》が盛んにつくられた。

一北曲輪群の上段に、半円状に土塁と空堀を巡らした丸馬出が残存する。

7．上《うわ》町《まち》

向羽黒山城（岩崎城）跡の北曲輪（伝・盛氏屋敷跡）一帯を指す地名。

8．お茶屋場

芦名盛氏が茶道《さどう》に親しみ、時折茶会を開いて天下の情勢を語り、会津の施政《しせい》を堅めたといわれる茶室のあった所。

馬出いろいろ

草の丸馬出　　草の角馬出

馬出（うまだし）
　城の虎口や城の門を敵の攻撃から、味方を守るために
　前方につくられる土塁（土手）や石垣。

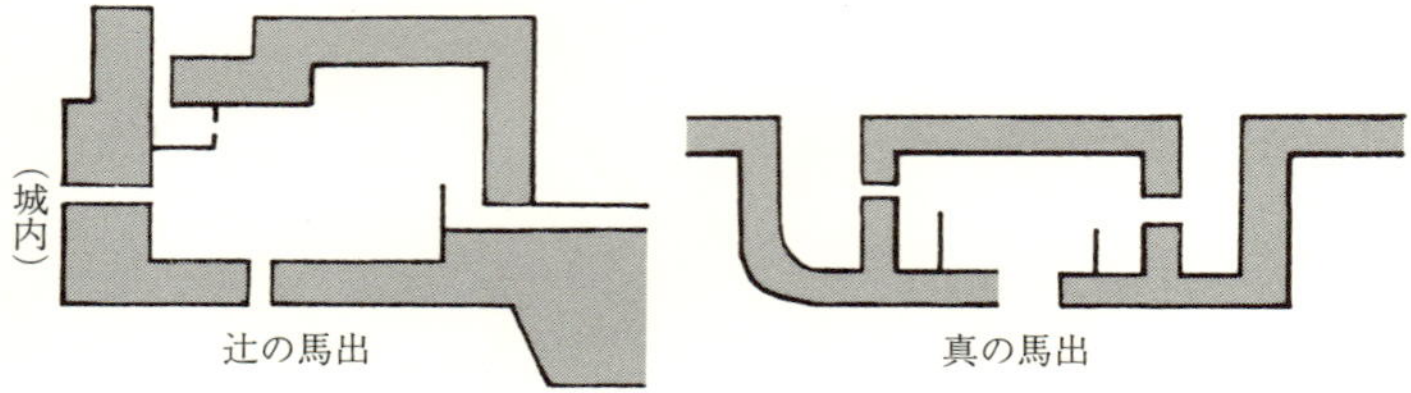

辻の馬出　　真の馬出

9. 大手口《おおてぐち》（大手門）

一城の正面に位置する入口で「追手口」と本来はいう。追手とは、敵を追いつめる方向にあるという意味である。籠城《ろうじょう》のとき、敵を正面に追いつめて戦闘を集中させるのが目的であった。

一般に入場者を圧するため、大きな桝形虎口《ますがたこぐち》や巨石・布積石垣で堅めた。向羽黒山城の大手口も大きな「喰違土塁《くいちがいどるい》」と、「桝形虎口（空堀）」に堅められている。

10. 帯曲輪《おびくるわ》

古代より近世城郭まで用いられた比較的《ひかくてき》大きな曲輪や、曲輪群の外側を細長く取り囲む曲輪で、通路などにも利用された。

向羽黒山城の山腹には、帯曲輪が階段上に巡っている。

11. 隠曲輪《かくしくるわ》（伏兵曲輪《ふくへいくるわ》）

虎口内に石垣・土塁などで、外から見えない小曲輪をつくり、伏兵を置いた曲輪をいう。

二北曲輪群中段に残存する削平地《さくへいち》の西側は、虎口内で土塁が一文字状に形成され内部を隠す〝構《かまえ》〟が見られる。

12. 搦手《からめて》

城の裏口にあたり、戦《たたか》いの折り押し寄せる敵を裏からまわりこんで、追手に押し詰め搦捕《からめと》ることからの名である。

一曲輪（本丸）から西尾根には、脱出道《だっしゅつどう》と防禦《ぼうぎょ》の機能を備えた〝搦手道《からめてどう》〟がある。

13. 空堀《からぼり》

一つの曲輪《くるわ》もしくは一定区画を囲む水のない堀をいう。

空堀の多くは、廃城後《はいじょうご》の自然堆積土《たいせきど》（発掘調査をすると二～三米《メートル》ほどの堆積表土《たいせきひょうど》が一般に認められる）がかなりあり、現状から旧状を判断するのは危険である。

14. 空堀道状通路《からぼりどうじょうつうろ》

西一曲輪群を東西に走る空堀や、二北曲輪群の中腹には〝空堀道状通路〟の遺構が残存する。

15. 喰違虎口《くいちがいこぐち》

虎口で左右の土塁、または一方を屈曲させて喰い違わせ、Sの字状通路をつくり虎口とした。

二北曲輪群下段に、二曲輪への導入口と見られる〝喰違虎口〟が土塁をともなって残存する。

16. 曲輪・丸《まる》

曲輪の名が「丸」に変わるのは、一五九〇年代からで、慶長年間以降は「丸」が多く使われるようになった。

向羽黒山城は、永禄十一年（一五六八）に完成しているから「曲輪」の時代で「丸」に変わる二二年ほど以前ということになる。

17. くるみ坂

北曲輪（伝・盛氏屋敷）より山麓に通じる坂道で、その両側に雛段状曲輪《ひなだんじょうくるわ》が続いている。その地形から「曲輪坂《くるわざか》」が、くるみ坂に訛《なま》ったものと思われる。

※訛る——発音の便宜上《べんぎじょう》、伝統的な言い方とは違って、少しくずれた言い方になる。

18．虎口《こぐち》

城のもっとも大切な出入口を「虎口」という。もとは〝小さく口をあける〟ことから「小口」と記したのが、しだいに「虎口」の字を宛《あ》てるようになった。

19．腰曲輪《こしくるわ》

山城の斜面に、〝小さな削平地《さくへいち》〟をつくる形式を「腰曲輪」という。斜面を急勾配にしたり、鞍部《あんぶ》（山の尾根が中くぼみになっている所）の曲輪への直接進攻を遮断《しゃだん》するための曲輪である。

20．三曲輪《さんのくるわ》（三の丸）

二曲輪（二の丸）の外側に構えられる区画で、小城郭では外郭《がいかく》にあたる。北側の出城にもっとも近く、北西の防禦《ぼうぎょ》・馬場としての機能《きのう》も果たした。

虎口のいろいろ

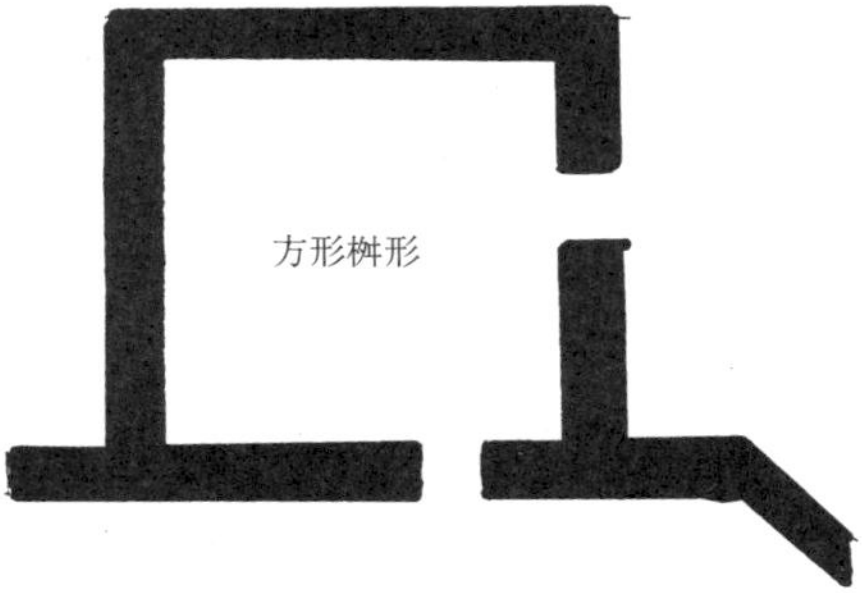

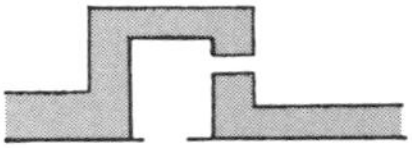

外桝方

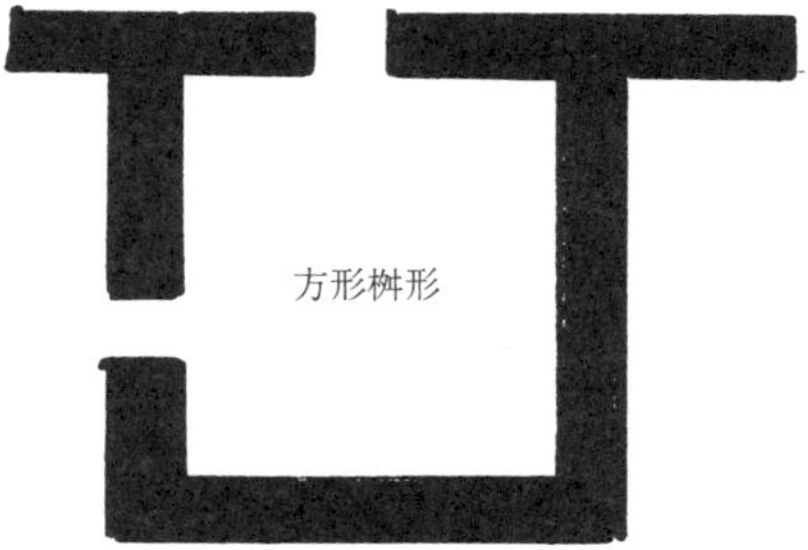

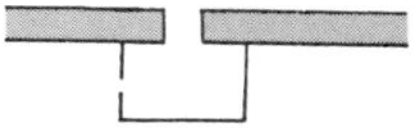

内桝方

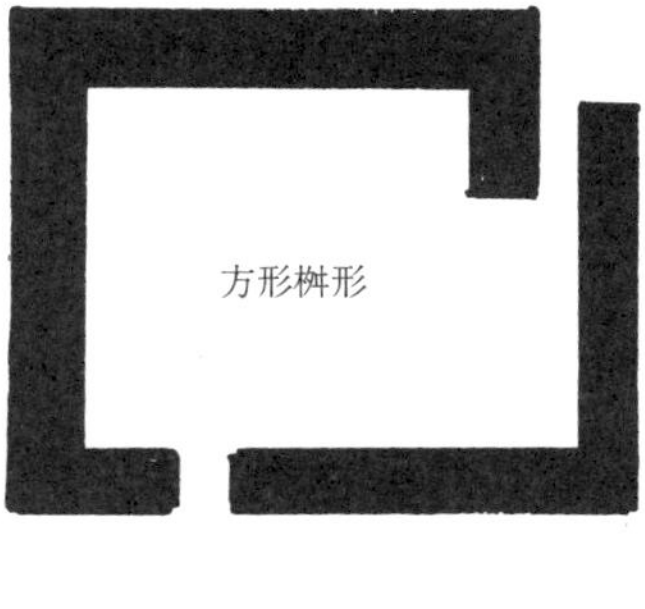

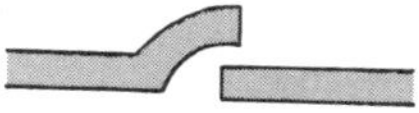

喰い違いの土居

21. 城《じょう》跡《せき》

城あとは多くの場合、「城跡」と記す。城趾・城址・城蹟の字も用いられる。まれに、城迹《せき》・城墟《きょ》とも記す跡・趾・迹は足あとであり、時間的経過を意味する。蹟は記録的な意味あいが強い。

向羽黒城跡は、しろのあと・昔、しろのあった所であることから「城跡」と統一する。

22. 雪《せっ》村《そん》

天文十五年（一五四六）芦名盛氏に招聘《しょうへい》されて会津入りをした。盛氏の向羽黒山城時代に滞在《たいざい》し揮毫《きごう》をふるった。画風は南宋の牧谿《もっけい》や玉澗《ぎょくかん》の影響のもとに独自の技法を開いた画家といわれる。

23. 竪《たて》堀《ぼり》

斜面にうがつ空堀で、堀切にともない敵の侵入を峰続きから防ぐ目的で構えられる。自然の地形を巧みに活《い》かした堅固な竪堀がここには見られる。

24. 通《つう》路《ろ》

空堀と土塁が一つとなって「通路」となっている。

25. つづら折れ

〃ツヅラ〃のつるが折れまがって、のびているところから、幾重にも曲がりくねって続く坂道をいう。

二北曲輪群中腹に〃つづら折れ〃状の旧道が残存する。

※ツヅラ――じょうぶな〃フジ〃つる性の植物をいう。

26. 土《ど》塁《るい》

土塁は土居《ついぢ》・堤・土手ともいう。城の字源は土を盛った施設をいい、土塁は堀とともに城郭の防備壁であり、敵兵に対しての攻撃台である。

27. 二曲輪《にのくるわ》(二の丸)

一曲輪(本丸)を直接かこむか、前面に構えられた曲輪を「二曲輪(二の丸)」という。

28. 縄張《なわばり》と曲輪《くるわ》

築城プランは、目的に見あった地形を選定したのち、「縄張」という作業に入る。どのような区画で城を構築するか、その区画に縄を張り巡らしたことから縄張という。縄を張り巡らした区画内を「曲輪」という。

29. 西曲輪《にしくるわ》(西の丸)

一曲輪(本丸)から見て、西方に独立状に構築された曲輪をいう。

30. 堀《ほり》切《きり》

峰続きを遮断《しゃだん》する目的で、鉈《なた》で切ったように掘り切る直線状の空堀をいう。

31. 堀の種類

堀は大きく水の入っている水堀・水のない空堀・泥田状や沼状の沼田堀・排水や用水路溝と大別される。

掘り方により箱堀・薬研堀《やげんぼり》(一方がカーブしている片薬研堀《かたやげんぼり》と、両方でV字となるのを諸《もろ》

堀の種類・堀切と竪堀

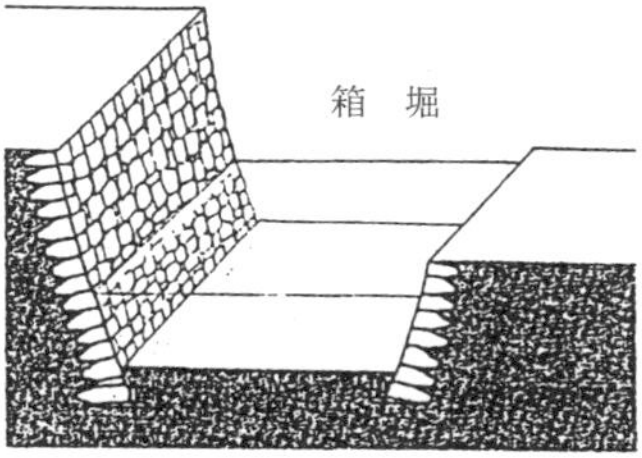

●堀切

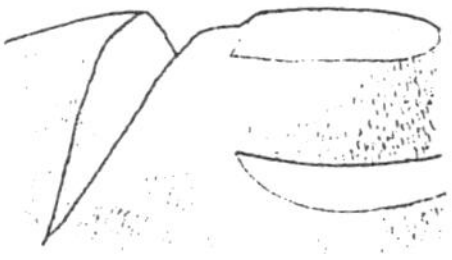

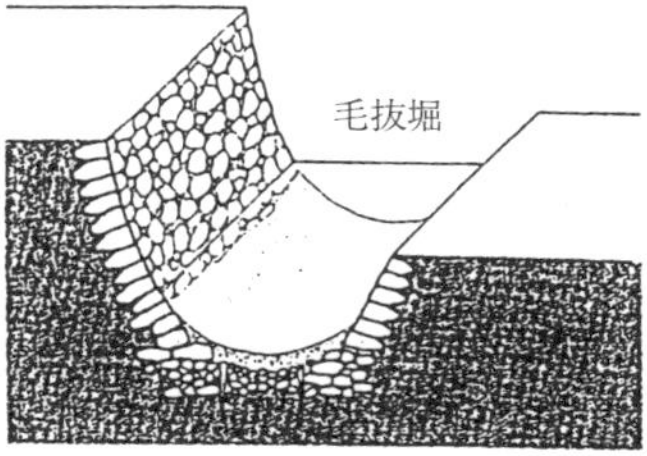

●竪堀

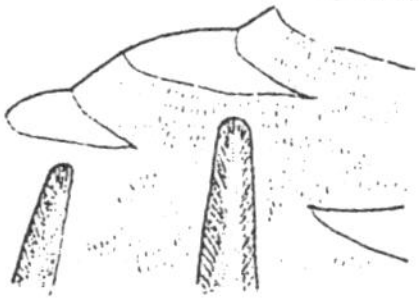

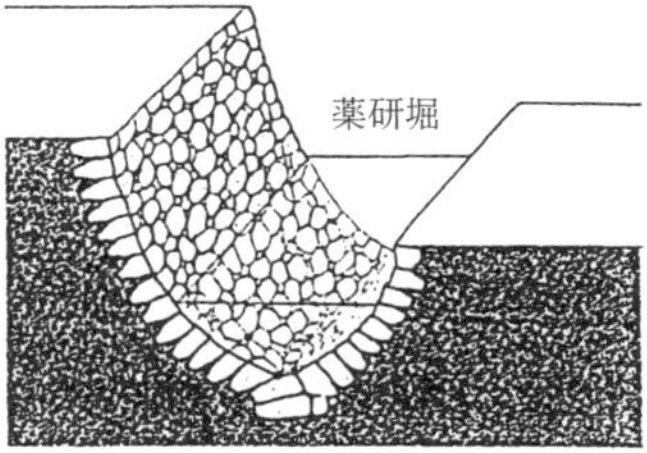

●連続畝状竪堀

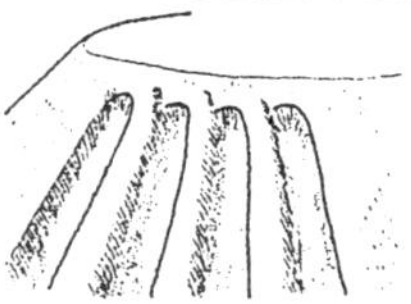

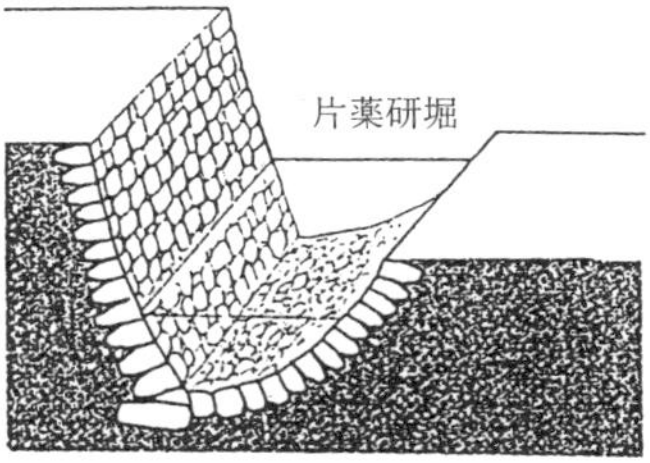

●三日月堀

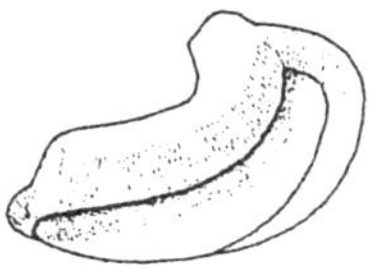

薬研《やげん》という）毛抜堀・畝堀《うねぼり》に分類する。

32. **枡形虎口《ますがたこぐち》**

方形の土塁をめぐらし、四辺の二方に二つの出入口をつくり虎口を形成する。戦国期の枡形は一〇～一五メートル四方であった。

33. **水《みず》の手曲輪《てくるわ》**

湧水・井戸・天水などを貯えて守備する曲輪で、山城では特別な配慮がなされた。

34. **三日町**

向羽黒山城が機能していた時代の日町（市場町）である。六日町・十日町も市場町であったが、集落名を残すのみである。

著者略歴

佐藤金一郎（さとう　きんいちろう）
樹医博士・日本樹医学会員
会津本郷町文化財保護審議会委員長
福島県自然保護協会レッドデータ調査員

歴春ブックレット
向羽黒山城跡ガイドブック

二〇〇三年六月六日発行

著　者　佐藤金一郎
発行者　阿部隆一
発行所　歴史春秋出版株式会社
〒965-0842　福島県会津若松市門田町中野
電　話　〇二四二（二六）六五六七
郵便振替　〇二一一〇-七-三九九四
印　刷　北日本印刷株式会社

◇◇ 歴春ブックレットシリーズ ◇◇

軽くてコンパクト　　好評発売中!!

1	こんな話知ってる！	525円
2	上田麗子の今風おせち	525円
3	会津若松史跡めぐり	525円
4	会津の郷土料理	509円
5	会津の街道	509円
6	奥会津　大内宿	525円
7	猪苗代湖	509円
8	きのこ日記	509円
9	会津磐梯山	525円
10	キムチのある食卓	509円
11	喜多方史跡めぐり	509円
12	会津のお寺さん	509円
13	水を護るために！	509円
14	会津の神社	525円
15	会津のイワナ釣り紀行	509円
16	嶝　峠	525円
17	会津の名歌・名句	525円
18	勝常寺と徳一	525円
19	鶴ヶ城を歩く	525円
20	会津の城（品切れ）	525円
21	小田山麓を歩く	525円
22	会津の野鳥	525円
23	会津のカラムシ	525円
24	おんば様	525円
25	会津のワシとタカ	530円
26	保科正之と土津神社	530円
27	中野竹子と娘子隊	530円
28	向羽黒山城跡ガイドブック	530円